LE PEINTRE
ANGLAIS

AU SALON DE PEINTURES,

Exposées au Louvre en l'année 1785.

Parcere Personis dicere de Vitiis. *VIRG. Æneid.*

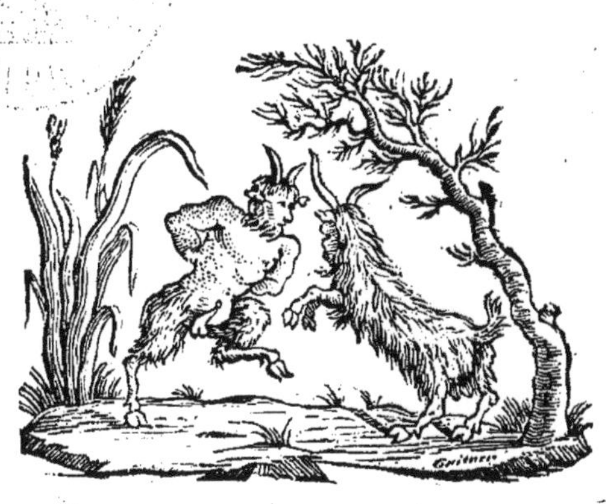

1785.

AVIS
AU LECTEUR.

MON intention, en faisant cet Ouvrage, n'est pas de faire une Critique amère, comme on a toujours fait jusqu'à présent. Je trouve qu'il est affreux de déchirer les Artistes, comme on se l'est toujours permis; c'est l'effet de la jalousie, ou de l'ignorance....

La Peinture est un Art si recommandable, qu'on ne sauroit juger qu'en tremblant les Professeurs d'un si bel Art, qui ne sont parvenus à plaire au Public qu'après des travaux longs, pénibles, & même souvent très-rebutans....

Les sarcasmes seraient donc la récompense que nous leur donnerions?... Non!... Les mérites étant rares, on doit se plaire à les caresser... Je vois avec pitié & mépris ces petits Juges, qui déchirent avec fatuité des hommes cent fois plus honorables qu'eux. Heureusement qu'ils parlent comme les aveugles des couleurs, & qu'ils ſont reconnus pour de ſots ignorans... Me croyant hors de cette claſſe, je me ſuis permis ſeulement de dire ce que je croirai appercevoir dans ces Ouvrages ; étant conduit par les connoiſſances que j'ai acquiſes, non-ſeulement par la pratique de ce même Art, mais encore par les voyages réitérés que j'ai faits, tant en Italie qu'en Flandres. C'eſt pourquoi, me piquant de ſincérité & de vérité, j'oſe me flatter d'avoir rempli mon but...

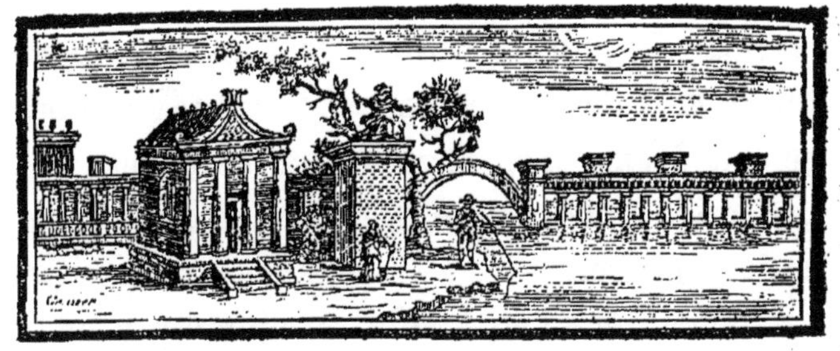

LE PEINTRE *ANGLAIS* AU SALON DE PEINTURES.

M. VIEN.

JE vois ici Priam près d'entrer dans la ville de Troyes, avec le corps d'Hector. Sa famille vient au-devant pour le recevoir.

Ce Tableau est d'une superbe exécution, mais dénué de noblesse. La composition froide, sans grâce, sans harmonie, les draperies sont roides, & tombent trop également... Je ne reconnais ni Priam, ni Hécube, ni Andromaque, qui devait jouer le plus grand rôle, sur-tout dans le moment où elle voit le cadavre de son époux.

Le corps d'Hector n'est pas heureusement posé, & mal ajusté; le charriot sur lequel il est jetté est d'un mauvais goût. Les costumes y sont assez suivis,

& même très-justes. Le ton de ce Tableau est bon : le style & le dessin très-corrects, mais sans mouvement. L'ame n'éprouve aucun sentiment, elle reste froide & ne pleure point : ce qu'un tel sujet devait produire.

Raphaël, que cet Artiste a toujours pris pour maître, quoique sage, a plus de mouvement & plus de noblesse. L'ame est toujours occupée. Je dis même que c'est ce génie simple & noble qui l'a immortalisé... Néanmoins ce Tableau est susceptible d'un grand détail, & y gagne infiniment, ce qui prouve que la réputation dont M. Vien a toujours joui est bien méritée...

M. LAGRENÉE *l'Aîné.*

Nous voyons ici Alexandre qui entre dans la tente de Darius, pour consoler la belle-mère de ce Roi de la perte de sa fille qu'il trouve expirée...

Je n'ai point reconnu du tout le vainqueur de Porrus & de la Perse. Il est absolument dénué de noblesse, & a l'air d'un Guerrier petit-maître, & non d'Alexandre. Ephestion n'est pas plus heureusement conçu : le lit est d'un très-mauvais goût. La femme de Darius y est très-mal posée, sans grâce & sans noblesse. Les femmes qui l'accompagnent sont maigrement drapées, & d'un mauvais style. La mère se vautre & n'a point la dignité de son caractère. Ce soldat renversé sur le lit n'est pas heureux, & inutile. La tente mal relevée, & occupe trop la scène.... Généralement ce Tableau est très-mal composé & mal enjencé, mais bien peint; voilà tout son mérite... M. Lagrenée n'est pas heureux cette année. Il est vrai que Le Brun a peint la famille de Darius avec tant de supériorité, qu'il a rendu le goût trop délicat sur ces sujets.

M. VANLOO.

CE Tableau nous représente le vœu de Jephté.

Monsieur Vanloo est bien supérieur dans cet Ouvrage, à celui du Sallon dernier. Mais je lui reprocherai toujours son style, qui est Français, & ce ton blafard qui devient insupportable aux yeux délicats. Mais le nom de cet Artiste est si recommandable, que l'on oublie aisément ces légères fautes.

M. DOYEN.

IL me semble qu'à ce rang devraient être placés les Ouvrages de M. Doyen. Ne les y trouvant pas, je présume que ce grand Artiste prive le Public de ses Ouvrages, ou qu'il manque d'occupation. La supériorité de ce Peintre n'étant pas mise en action, doit affliger les gens de goût. . . Mais allant à Saint-Roch, on eſt dédommagé du vuide qu'il cauſe dans cette Collection.

M. LÉPICIER.

L'Académie mérite à tous égards les plus grands éloges, d'avoir offert au Public les Ouvrages de M. Lépicier, aimable Peintre que la mort n'a ſouſtrait de la vie, que pour le placer dans le Temple de mémoire, où il jouit en paix du fruit de ſes travaux.

Nous voyons ici pluſieurs de ſes petits Tableaux. Ils ſont d'une vérité étonnante, touche agréable, franche, ſpirituelle, & naïve . . . La Nature était ſon Maître. Il l'a toujours écouté avec la plus grande docilité, ce qui le claſſe au rang des grands Hommes . . . . Non-ſeulement ſes talens étaient recommandables, mais encore ſes mœurs, ſa bonté, ſa franchiſe, ſa douceur; enfin, le plus grand éloge que l'on puiſſe faire de cet Artiſte, c'eſt d'avoir été pleuré de toute la jeuneſſe.

M. BRÈNET.

Ceci repréſente les Dames Romaines, qui ſe dépouillent de leurs bijoux, pour rétablir les forces de la République épuiſées par la guerre.

L'on doit ſavoir bon gré à M. Brènet de nous

remettre ſous les yeux un ſujet auſſi généreux. C'eſt une morale dont on devrait profiter.

Cependant je ne crois pas que nos Dames ſeraient de cet avis, car elles aiment mieux leurs ajuſtemens que le bien public. Je fais le Moraliſte ſans m'en appercevoir, ce n'eſt pas là le moment; je reviens à mon objet. L'ordonnance de ce Tableau n'eſt pas mal conçue, les coſtumes aſſez ſuivis, il eſt un peu froid, non pas quant à la ſcène, mais par le rendu, la couleur & la touche égale qui y règne. Il eſt beaucoup mieux que celui de Virginie, & l'Auteur a tout lieu d'être loué.

M. LAGRENÉE, *le jeune.*

LA fille de Pharaon, qui ſauve Moïſe des eaux.

Ce Tableau eſt plein de graces, bien compoſé, ſes groupes bien diſtribués, ſes femmes ſont charmantes, & ajuſtées avec un goût exquis, & tiennent beaucoup de la délicateſſe de Cortone; ſon payſage d'un ſtyle très-heureux, & d'un effet piquant.

... Ses petits Tableaux ſont des plus agréables & charmans, ſur-tout celui qui repréſente Renaud, qui abandonne Armide. Ce guerrier eſt ſvelte, & d'une expreſſion vive. Ses friſes dans le genre antique doivent faire les délices des gens de goût.

M. CARAVAL.

VOICI Hercule enfant, & au berceau, qui étouffe deux ſerpents qui venaient pour le dévorer.

Ce Tableau eſt bien compoſé. Le petit Hercule eſt nerveux & bien conçu ; le groupe des femmes eſt heureux & marque la ſurpriſe ; la ſcène y eſt aſſez. Je crois que le ſtyle eſt négligé, ſauvage, & même un peu bizarre. La couleur n'en eſt pas mauvaiſe, mais ſans harmonie; le pinceau trop facile, & pas aſſez moëlleux, ce qui, de loin, forme une grande ſéchereſſe. Cependant cet Ouvrage fait honneur à M. Caraval.

M. MÉNAGEOT.

CLÉOPATRE qui jette des fleurs, & honore le tombeau de Marc-Antoine.

Cet Ouvrage eſt d'une compoſition heureuſe, noble, grande, & très-bien engencée. La Cléopatre eſt noblement poſée, d'un faire aimable & gracieux ; les femmes qui l'accompagnent ſont très-bien conçues, & bien ajuſtées. Ce Tableau eſt d'une bonne couleur, harmonieux, & d'un très-bel effet. Je reprocherai à M. Ménageot quelques ſéchereſſes par endroit, ce qui rend les draperies un peu filées maigrement, & ôte le large, qui convient à l'hiſtoire.

Son Tableau de chevalet eſt Hercule, qui remet Alceſte dans les bras d'Admette.

La compoſition en eſt très-agréable, bien rendue, & le ſtyle de goût. Le groupe des femmes eſt charmant, & tient à la fineſſe de Lahire. Je trouve que la tête de ſon Hercule eſt un peu jeune, & pas aſſez mâle. Cet Artiſte ayant toujours prouvé des talens ſupérieurs, me diſpenſera de faire ſon éloge.

M. SUVÉE.

Celui-ci repréſente Enée qui ſe diſpoſe à partir pour le ſiége de Troyes, & en eſt empêché par ſa femme & Aſcagne ſon fils.

Le groupe d'Enée, ſa femme & ſon fils, n'eſt pas très-heureux. Enée eſt trop au milieu, manque de nobleſſe, de fierté & de force. Sa femme eſt trop maîgre d'ajuſtemens, & n'a pas aſſez de chaleur; ſon fils eſt mal ajuſté & mal drapé. Ce Tableau généralement eſt froid, mais bien rendu & harmonieux. Anchiſe & cette femme qui l'accompagne, ſont très-bien conçus, d'un bon ſtyle, & d'une belle exécution. Je trouve que ce caveau qui eſt ſur le devant fait très-mal, & n'eſt pas en place.

Son Tableau de Vierge & de Saint-Joſeph, eſt fort bien ajuſté, avec plus de goût que dans le précédent; il eſt d'un pinceau aimable, harmonieux,

& moins gris. En un mot, ce Peintre eſt infiniment plus heureux dans les ſujets de dévotion.

M. BERTHELLEMY.

Ce Tableau repréſente Manlius, qui condamne ſon fils à la mort.

Il eſt très-bien composé, & offre abſolument la ſcène que l'on doit attendre. Le père prononce avec fermeté, & l'on reconnaît que la douleur paternelle eſt étouffée; ſon fils a l'air très-décidé à mourir, eſt ajuſté avec goût, & poſé noblement. Enfin je me repréſente le ſujet tel qu'il eſt rendu. Le ſtyle y eſt cependant un peu négligé, la couleur aſſez agréable & l'effet piquant. C'eſt un des bons Ouvrages de cet Artiſte.

M. VINCENT.

Les talens que M. Vincent a toujours prouvé, ne ſont pas négligés. Son Tableau repréſente le moment où Arrie ſe frappe d'un poignard à la vue de Petus ſon époux, condamné à la mort.

Ce Sénateur eſt de la plus grande beauté, la ſurpriſe, & l'effroi ſupérieurement rendues, le coſtume ſévèrement ſuivi, l'exécution ſuperbe, facile, & d'une broſſe hardie. Je trouve cependant que la femme n'eſt pas auſſi heureuſe. Elle eſt un peu roide &mesquine. L'expression y est bien sentie, & a bien l'air d'encourager son époux à l'imiter. La figure qui l'accompagne n'est pas agréable, & maigrement conçue.

Son petit tableau est charmant, & son Arrie y est infiniment mieux sentie. Les Ouvrages de M. Vincent sont ceux d'un Grand Homme, & font honneur à l'Ecole Française.

M. BARDIN.

Je n'ai pas beaucoup de choses à dire de ce Peintre. Son tableau représente le Sacrement de l'Extrême-Onction.

Il est bien foible, gris, froid, & mal drapé. La composition est ce qui peut le faire passer.

Cet Artiste fait infiniment mieux dans ses esquisses dessinées, & même fait plaisir. Ce qui doit lui faire honneur, c'est d'avoir eu pour Elève M. Renaud.

M. BARBIER *l'aîné.*

Ce tableau représente Jupiter endormi dans les bras de Junon.

Cet Ouvrage n'est pas selon les règles de l'art; sans harmonie, sans effet. Les draperies sont trop crues, mal enjouées, d'une touche maigre & finies trop également; les chairs trop lacqueuses, ce qui forme un ton lie de vin qui eſt très-déſagréable. Ce tableau a l'air d'un deſſin aquatille, & non d'une Peinture. Il eſt très-fâcheux que M. Barbier ait perdu cette bonne manière qu'il a montré dans le ſiége de Beauvais.

M. DAVID.

On attend ſon Tableau des Horaces, qui vient de Rome.

Son Béliſaire eſt en petit, ce bel Ouvrage que nous avons déjà vu de cet Artiſte.

Il eſt d'une beauté raviſſante, ſimple, noble, & offre la ſcène la plus attendriſſante; le rendu & la couleur y ſont d'une ſupériorité étonnante; on tourne autour de chaque figure, & même l'on compteroit la diſtance qui ſe trouve entr'elles. En un mot, c'eſt un Ouvrage charmant, & qui ne ſauroit avoir trop d'éloges.

Je n'oublie pas le portrait de M. Pécoul. Il eſt poſé ſimplement, d'une vérité & d'une touche ſurprenante; .... enfin c'eſt lui? ....

M. RENAUD.

Voici la mort de Priam, & le maſſacre de ſa famille par Phirrus.

Le public retrouvera dans cet Ouvrage les talens que ce jeune Artiſte a toujours montré.

La composition de ce Tableau est noble, les groupes bien disposés. Priam est jeté noblement, Phirrus a toute la chaleur que le Héros exigeoit. Je le trouve cependant un peu court, mais bien dessiné, bien peint, & les draperies jetées avec beaucoup d'élégance.

Le groupe qui représente Hécube, Andromaque & Cassandre, éplorées, est de la plus grande beauté, noblement, largement drapées, & supérieurement rendues. Le pathétique y est le plus intéressant; enfin c'est Priam, Phirrus, Hécube, & ses enfans. Je vois réellement la scène, & ce Tableau est de la plus grande force. L'ayant vu depuis, je me flatte que ce que j'avance est la vérité, n'ayant eu d'autre but.

Néanmoins je reprocherai à M. Renaud d'avoir éclairé si faiblement son groupe de Priam; c'était absolument le point qui devait frapper l'œil du spectateur, & il est trop porté, au premier aspect, à ne voir que le groupe des femmes. On est si bien dédommagé, que l'on passe légèrement sur cette faute.

Ses petits Tableaux sont d'un goût exquis, & d'une finesse charmante, qui ne cede en rien de la supériorité de son grand Ouvrage.

J'ose dire que ses talens sont d'une force majeure, & que l'immortalité s'apprête à recevoir ce célèbre Artiste.

M. CAILLASSON.

L'on voit ici, pour sa réception, Philoctete abandonné dans l'Isle de Lemnos, n'ayant pour toute fortune que les flèches d'Hercule, que Phirrus & Ulisse viennent lui enlèver...

....Je trouve que ce Tableau est sagement composé. Philoctete n'est pas ajusté assez noblement, il a l'air d'un Hercule, & non de ce grand guerrier. Il menace à gauche, ce qui fait que la pose a l'air Académique. Je crois qu'il eût été plus expressif menaçant à droite, ce qui aurait développé la figure, & lui aurait donné plus de fierté. Le Phirrus & l'Ulisse sont un peu roides & pas assez variés, l'exécution pe inée. L'Ouvrage est cependant intéressant.

Je ne parlerai pas de sa Magdelaine, elle n'est pas heureusement conçue; d'ailleurs sur ce sujet il est difficile de plaire après celle des Carmelites. Sa Sainte Thérèse est bien, l'expression y est bien sentie, elle est toute en Dieu, ainsi que son Moine. Pour son Esquisse de la présentation au Temple, elle est fort jolie; il serait à souhaiter qu'il ne perdît pas de vue cette manière de faire.

M. PEYRON.

Ce Tableau nous représente la mort d'Alceste pleuré par Admette, & ses Peuples.

M.

M. Peyron a tenu plus qu'il ne promettait. Cet Ouvrage eſt beau, d'un bel effet, & d'une grande harmonie. Je crois cependant que la compoſition n'eſt pas auſſi heureuſe, quoiqu'aſſez grandement conçue; mais je ſuis fâché de voir Admette auſſi peu conſéquent, ainſi que la femme qui préſente les enfans de ce grand Roi à ſon Epouſe expirante. Cataſtrophe ſuſceptible d'un grand mouvement, qui en eſt dénué, & forme parallèle avec le lit où eſt couchée la Reine qui eſt noblement poſée, bien rendue, & très-bien ajuſtée. Il eſt encore un groupe de figures parallèlement poſée derrière le lit, ce qui forme trois lignes égales. En tout la compoſition eſt bleſſée, car il ſe trouve une Pleureuſe au bas du lit, qui reſſemble aſſez au Pouſſin, & qui n'eſt pas en place. Cette figure eſt abſolument de trop. Quant à ſes Eſquiſſes, elles ſont charmantes, ſur-tout celle de Beliſaire, qui offre la Scène la plus attendriſſante; elle eſt d'une touche hardie & d'un grand homme.

Son Tableau d'Alcibiade eſt charmant, bien compoſé, & rempli de grace; il tient beaucoup de Laireſſe; je trouve cependant qu'il ne devait pas faire le ſacrifice de ſa figure principale pour produire un effet piquant. Il eût pu jetter ſes maſſes ſur des figures acceſſoires, & ſon Ouvrage aurait infiniment gagné. Ce ſont des faibles remarques que je crois très-juſtes.

M. MONIER.

St. Charles Boromé, qui donne le Viatique aux Peſtiférés de Milan.

La compoſition de ce Tableau eſt très-heureuſe, les plans bien ſentis. Le groupe du Saint-Charles eſt très-bien enjencé, les acolittes ſont fort bien peints. Je penſe que cette femme expirante n'eſt pas rendue avec autant de fermeté; l'idée eſt cependant bien conçue. Son enfant mort ſur ſes genoux fait le plus grand effet; il eſt d'une belle couleur, mais incorrecte, ainſi que ſa Mère dont la tête eſt trop petite. Le fond eſt très-heureuſement choiſi, & neuf. Généralement cet Ouvrage promet beaucoup ſi l'Auteur veut ſe reſtraindre à plus de correction; étant le premier qu'il préſente au Public, j'eſpère qu'il voudra bien reconnaître la vérité. Alors ſa réputation ſera des plus brillantes.

M. VERNET.

Me voici devant les Ouvrages de ce grand Homme! .... Quel Génie? .. Quelle touche? ... Elève de la Nature, il a entièrement ſuivi ſes leçons, & si bien qu'il en a fait le calque, mais noblement, & non pas misérablement, comme la plûpart de nos Paysagistes, qui voyent la Nature lorsqu'elle est grise, froide, & dénuée de ses beautés; elle se découvre & s'offre grandement à ses yeux. Elle vous émouve l'ame & vous échauffe l'imagination... Que de Chef-d'œuvres sortent journellement de ses mains! Nous en produire à soixante & dix ans, prouve que les grands talens n'ont point d'âge.

M. WERTMULLER.

CET Ouvrage nous représente les Portraits de la Reine, de Mgr. le Dauphin & de Madame Première, que Sa Majesté accompagne & tient de chaque main.

Des Modèles aussi précieux & aussi intéressans à la France, ne peuvent qu'immortaliser l'Artiste, dont les talens nous sont chers, puisqu'ils retracent à nos yeux des objets dont nos cœurs sont jaloux. J'ai reconnu la bonté maternelle que S. M. a étendu jusques sur ses Peuples. Je vois ses graces, sa noblesse, son maintien, & chacun s'écrie : Oui, c'est elle... Quel bonheur!... Vive Antoinette & ses Enfans!... Les Portraits de cet Artiste sont généralement d'une touche assez moëlleuse & pâteuse, mais par fois un peu lourde & molle. Son petit

Faune eſt bien colorié & d'une forme agréable. Ce Peintre eſt d'un mérite diſtingué.

M. ROSLINE.

CES Portraits ſont très-beaux, bien peints & corrects. Je trouve cependant que les ombres des chairs ſont un peu noires, & pas aſſez moëlleuſes. Les étoffes ſont d'une vérité étonnante, ce qui ôte tout l'effet que les têtes produiroient ſi ces mêmes étoffes étoient ſacrifiées.

Celui de M. le Comte d'Affry & celui de M. Nicolaï, ſont d'une grande beauté & ſont hors de ces défauts : les têtes ſont belles, brillantes, les draperies ſont bien peintes, & d'une teinte ſourde, ce qui fait valoir infiniment les chairs, qui n'ont aucune valeur lorſqu'elles ſont écrâſées par le brillant de l'étoffe.

M. DE MACHI.

M. de Machi a enfin quitté le Pont-neuf & le Louvre. Il nous tranſporte cette année à Verſailles ; ſa vue eſt aſſez belle, & heureuſement choiſie. Sa place Louis-Quinze eſt agréable & fraîche ; de tont, je lui reprocherai toujours d'avoir quitté cette bonne teinte, qu'il tenait de Servandony, & qu'il avait puiſé dans Panini, tel que ſon morceau de réception, qui eſt sûrement oublié, & qui ne devrait pas l'être. Je dirai donc qu'il a quitté cette bonne manière pour prendre un ton blafard qui eſt inſipide à la vue, hors d'harmonie, & tient à la médiocrité.

M. DUPLESSIS.

La vérité eſt le but de ſes Ouvrages. Il y eſt rempli. Ses portraits ſont aſſez harmonieux, gracieux, & d'une touche agréable ; les étoffes ſi bien rendues, qu'elles empêchent de briller les têtes, ce que je n'ai jamais vu dans les grands Maîtres. Mais je n'en dirai rien puiſque c'eſt l'uſage de ce pays, & que les perſonnes qui ſe font peindre, veulent que l'on reconnoiſſe juſqu'à la broderie de leurs veſtes & fabrique des étoffes, ce qui eſt abſolument hors des grands principes de l'Art. C'eſt plutôt la faute du ſiècle que celle des Artiſtes, qui ſe trouvent forcés de ſe conformer au mauvais goût.

J'ai diſtingué deux portraits remarquables, puiſqu'ils nous offrent deux Grands Hommes, M. Ducis & M. Vien. Ils ſont très-bien rendus, d'une belle couleur, & font beaucoup d'honneur à cet Artiſte.

M. ROBERT.

Cette année M. Robert s'eſt ſurpaſſé ; ſes ruines

ſont ſuperbes & très-bien compoſées. Elles nous offrent les Monumens Grecs & Romains ; c'eſt ainſi que ce Peintre fait tourner à ſon avantage les beautés que le temps a détruites... Son incendie eſt d'une belle exécution & d'un ſuperbe effet. Je n'en ſuis pas ſurpris, d'après les talens que cet Artiſte a toujours prouvés.

Mad. VALLAYER-COSTER.

Les graces qui ont toujours conduit les pinceaux de Madame Coſter, ne les ont pas abandonnés cette année. Ses Tableaux ſont aimables, frais ; & Flore, qui eſt ſon modèle favori, n'a pas lieu de ſe plaindre, ſa reſſemblance y étant parfaite. Le but de cette aimable Peintre doit être rempli.

M. VAN SPAENDONCK.

Ses Tableaux ſont d'une grande vérité, beaux, & d'une fineſſe charmante. Le duvet & la fraîcheur de la nature, ſont répandus dans ſes Ouvrages. Je trouve cependant que Vanuiſum, qu'il étudie avec ſoin, eſt moins ſeç & plus varié de touche.

M. HUE.

Les Ouvrages de ce Peintre ſont très-intéreſſans par la vérité, le goût & la touche libre qui y règnent. Je les trouve froids & gris. Il devrait voir ſouvent le Salvator, le Gouaſpe & le Berguem, pour s'échauffer & perdre cette monotomie dans la touche, qui empêche d'être étonné à la vue de ſes Ouvrages. Il faut cependant lui rendre juſtice. Ses clairs de Lune ſont très-beaux, & d'un habile homme.

M. SAUVAGE.

TOUJOURS beau, toujours étonnant, ſes Tableaux ſont d'une ſi grande vérité, que l'on s'écrie : C'eſt du bronze ! C'eſt du marbre ! Enfin, c'eſt le plus grand éloge que l'on puiſſe faire à cet Artiſte, de dire qu'il trompe les yeux.

Mad. LE BRUN.

JE fus bien ſurpris, lorſque je ſus que tous ces Portraits étaient de Madame Le Brun ; je la trouvai ſi avancée depuis la dernière expoſition, que j'en ſuis encore en admiration.

Ils ſont d'une ame & d'une ſupériorité étonnantes, bien coloriés, bien peints, d'une touche gracieuſe, facile & aimable ; elle tient à la vérité de Vandick, & même a plus de grâces. Le Portrait de M. de Calonne eſt d'une couleur ſuperbe, & rendu ſupérieurement ; ſa Bachante eſt bien poſée & bien peinte : je la trouve un peu trop

Jacqueuſe. La peau de tigre qui la couvre eſt d'une belle manière. Sa femme en Paſtel eſt pleine de grâces, & d'une touche délicieuſe.

Mad. GUIARD.

LES Ouvrages de cette habile Peintre, prouvent qu'elle a de grands moyens, puiſqu'elle a fait des progrès auſſi rapides, non pas pour ſes paſtels, car ils étoient ſuperbes; mais elle a ſentie que ſa peinture à l'huile étoit foible. Son travail a été fructueux, puiſqu'il eſt d'une force majeure, ce qu'elle prouve avec tant de ſupériorité dans ſon portrait, accompagné de ſes Elèves. Il eſt d'une beauté raviſſante, d'une touche agréable, & d'une vérité étonnante, les étoffes bien peintes. Enfin c'eſt la Nature.... Celui de M. Vanloo eſt d'une grande beauté, d'une touche ferme & hardie. Cette Artiſte eſt d'un mérite très-diſtingué & très-rare, puiſqu'elle a ſu joindre aux grâces de ſon ſexe la vigueur & la force qui caractériſent les Ouvrages de l'homme.

M. CÉSAR WANLOO.

CES payſages ſont du fils de Carle-Wanloo.

Ils ſont très-beaux, fort bien compoſés, les ſites très-heureuſement choiſis, & on reconnaît l'Italie; la touche fine & agréable, les figures charmantes; mais je voudrais que le feuillis fût moins lâché, & d'une touche plus variée, & M. Wanloo sera digne de ses ancêtres.

M. NIVARD.

Ses tableaux sont, si j'ose le dire, sans défauts, & je trouve que c'est un défaut de ne pas en avoir.... Ils sont nature à la vérité, mais si nature, que cette vérité-là finit par ennuyer. Sa touche, trop égale, de même par-tout. Il voit la nature trop maigrement, & feuilles à feuilles, ce qui fait un mauvais effet. Mentez, mentez, M. Nivard, & vous serez un Grand-Homme.

M. WILLE *le fils.*

Me voici devant les Ouvrages de M. Wille le fils, qui a toujours charmé le public ; en vérité, j'ignore pourquoi, car ses Ouvrages sont absolument hors de principe ; ses Tableaux sont d'une touche molle, & égale ; son coloris fade, monotone & sans harmonie ; enfin ses figures ressemblent parfaitement à des groupes de porcelaines enluminés. Néanmoins il est très-difficultueux d'atteindre à ce mérite. Pardon, si je passe si vîte à son confrere ; je ne crois pas devoir m'arrêter plus long-temps.

M. DEMARNE.

Ses Tableaux, dans le goût de Berghem,

ſont fort agréables, pleins de goût & de vérité. Mais cet Artiſte devroit conſulter plus ſouvent ce fameux Maître, & perdre ce défaut d'harmonie, qui règne dans ſes Ouvrages, & les rendent un peu fayance, & ſon mérite ſera diſtingué.

M. HUËT.

Ses payſages ſont agréables de touche, mais trop également, ce qui les rend monotones. La couleur eſt égale, ſans effet, crue, verte, & ſent trop la palette. La nature offre un aſpect verd, mais elle ne l'eſt pas lorſqu'elle eſt bien oppoſée, & comparée. Je trouve que c'eſt un grand défaut, que de reconnoître, dans un Ouvrage, les tons auſſi bruſquement; le grand talent, eſt de les paſſer avec tant d'art, qu'ils ſe trouvent déguiſés, & qu'un Tableau vous étonne ſans ſavoir par quel moyen on y eſt parvenu. Voilà mon avis:

M. VESTIER.

Ses talens ſont très-recommandables, non-ſeulement pour l'huile, mais encore pour la miniature. Ses portraits ſont pleins de graces, aimables, & touchés ſpirituellement. En un mot ce Peintre eſt d'un mérite très-diſtingué.

M. MOREAU.

Ses deſſins des Œuvres de Voltaire ſont d'une

grande finesse, très-agréables, mais un peu froids. Je le trouve plus grand, & même très-bien composé dans ceux de la mort de Caton d'Utique, & de Caïus qui effraie de son regard un soldat qui venoit pour le tuer. Ces deux dessins sont d'un homme de génie.

M. PAJOU, *Sculpteur.*

Nous voyons ici en marbre Blaise Pascal que l'on a déjà vu en plâtre, il y a quatre ans.

Cette figure remporta alors tous les suffrages. Ils étoient bien mérités, elle est d'une composition superbe, & d'un rendu sublime. On ne sauroit faire trop d'éloges à M. Pajou.

Sa Psiché est superbe, & ne cède en rien de la supériorité de sa grande figure; elle est d'un dessin charmant, d'une grace & d'une beauté si grande, que chacun s'écrie, quel homme étonnant!

M. CAFFIERI, *Sculpteur.*

Je contais trouver son charmant Molière qu'il avoit saisi avec tant de finesse, mais j'en suis dédommagé par le buste de Thomas Corneille, qui est d'une beauté étonnante, & ne dément point les talens que ce célèbre Artiste a toujours montré.

M. BRIDAN, *Sculpteur.*

Cette figure est le Maréchal de Vauban,

que le Public a déja vu il y a deux ans ; elle eſt d'une exécution facile, agréable, d'un goût exquis, & noblement poſée. Les autres Sculptures de cet Artiſte ſont d'une beauté aimable, & d'un finis précieux. Son Amphion eſt charmant, & d'une compoſition très-heureuſe.

M. GOIS, *Sculpteur.*

SA ſtatue eſt le Préſident Molé. Elle eſt bien compoſée, & très-heureuſement engencée, la tête noble, belle, & pleine de vivacité. Je trouve cependant que les draperies ſont un peu maigres & meſquines. Cette figure que l'on voit avec le plus grand plaiſir, rappelle les beautés de celle du Chancelier de l'Hôpital, qui a fait le plus grand honneur à cet Artiſte célèbre.

M. JULIEN, *Sculpteur.*

LE Ganymède de cet Artiſte eſt d'une beauté raviſſant e, lerendu & l'exécution ſuperbes, ſes formes tiennent beaucoup de l'antique. Enfin c'eſt la nature dans ſon beau.

Il a rendu en marbre cette fameuſe figure, que le Public a tant admiré. En effet, elle eſt très-admirable, d'une ſupériorité étonnante, d'une fineſſe, d'un rendu, & d'une vérité ſublime; . . . & l'on crie; c'eſt la Fontaine? . . . . M. Julien mérite à tous égards un titre à l'immortalité.

M. HOUDON, *Sculpteur.*

Je vois ici le Buſte de Monſieur Lenoir, Lieutenant-Général de Police.

Cet Ouvrage eſt très-ſupérieur, & nous repréſente le célèbre Magiſtrat, que l'on a toujours chéri. Je reconnais ſa grandeur d'ame, ſa nobleſſe, & ſa juſtice, qu'il a étendu ſur les malheureux qui ne ceſſent de pleurer. leur perte, qu'ils recouvrent dans ſon Succeſſeur.

Je vois auſſi avec la plus grande ſatisfaction que cet Artiſte offre au Public celui de Monſieur de la Rive.

M. Houdon a bien ſenti que l'Image d'un Artiſte auſſi eſtimable ne pourroit qu'intéreſſer. En effet, chacun s'y arrête, & admire la fierté, la nobleſſe, la bonté du modèle, & la vérité de ſon Ouvrage.

M. BOIZOT, *Sculpteur.*

Voici le Portrait du grand Racine. Monſieur Boizot qui nous a toujours montré des talens ſupérieurs, s'eſt infiniment ſurpaſſé. Cette figure ſupérieurement conçue, eſt très-bien poſée, bien drapée, la tête pleine d'âme, de génie, & ſemble être inſpirée. En un mot, je crois voir Racine, & ne doute point qu'il n'ait apparu à l'Auteur qui n'a rien oublié pour caractériſer ce grand Homme, car j'ai remarqué du mirthe dans un coin; l'allégorie eſt heureuſe, puiſqu'elle prouve que l'amour & la tendreſſe étaient les paſſions dominantes de ce fameux Génie, & j'oſe dire que dans la ſuite, on dira, voilà le RACINE DE BOIZOT!.... Comme l'on dit la PHÈDRE DE RACINE!

M. DE JOUX, *Sculpteur.*

IL nous offre Philopamen, qui s'empoiſonne.

Cette ſtatue eſt d'une grande vérité, & d'une belle exécution. On reconnaît aſſez les vérités de la nature. Mais je penſe que ſi M. de Joux eût choiſi des formes plus nobles, que ſon Ouvrage aurait intéreſſé davantage.

M. MONOT, *Sculpteur.*

JE vois ici Abraham Duqueſne, après le Bombardement d'Alger.

Cette figure eſt belle, rendüe & poſée avec goût, la tête pleine de caractère, de feu, & de fermeté. Je la trouve un peu incorrecte, mais elle nous promet un beau marbre.

M. STOUFF, *Sculpteur.*

ON voit de cet Artiſte, pour ſa réception, un Abel mort.

Cette figure eſt de la plus grande beauté, &

posée avec grace, rendue avec la plus grande finesse & vérité. Enfin c'est prendre la nature sur le fait; ses têtes sont superbes, sur-tout celle de Bélisaire; elle est noble, belle, & d'un grand Homme.

M. MOITTE, *Sculpteur.*

SES Portraits sont beaux, & bien exécutés. J'admire sur-tout son Bas-Relief, qui représente le combat d'Ulisse & d'Ajax à la Lutte.

Il est d'une composition superbe, noble, bien engencée, les costumes bien suivis, & prouve que cet Artiste est homme de Génie.

M. STRANGE, *Graveur.*

DE tous les Graveurs, celui-ci est le plus supérieur à mon avis. Il tient un rang distingué, & même, j'ose dire que c'est le seul que l'on puisse admirer.

FIN.

SUPPLÉMENT
DU
PEINTRE ANGLAIS
AU SALON.

CETTE année les Artiſtes ont tous prouvé, avec une grande ſupériorité, que la Peinture ſourit & ſe dévoile aux encouragemens, & même a paru avec un éclat nouveau. Le Public me permettra de lui remettre ſous les yeux les Tableaux qui ſont ſurvenus depuis que j'oſai dire mon avis ſur ces Ouvrages.

.... Je ne doute point que ce ſublime Art ne monte juſqu'au faîte ſous le règne de notre Monarque, qui daigne le protéger & le relever de l'abaiſſement où il paroiſſoit être plongé.... Que de graces nous avons à lui rendre !... Non-ſeulement il protège les Arts, les vertus, mais encore il eſt bienfaiſant... & veut être ignoré... Mon cœur, averti d'un auſſi grand trait, ne peut ſe taire.

Oui, l'on doit aimer Debucourt & Boizot (*), qui nous offrent l'image de celui que nous adorons & chérissons chaque jour.

M. BRENET.

Je vois de ce Peintre un Tableau qui représente Saint Louis, rendant la Justice dans le bois de Vincennes, au pied d'un arbre.

Pour une toile aussi petite, la composition est assez heureuse : le St. Louis n'est pas mal posé, ainsi que les femmes : l'effet piquant ; mais le ton blafard & discordan : les caractères des têtes pas assez nobles, mal drapées & mal enjencées. Les costumes y sont sévèrement suivis, ce qui prouve que cet Artiste a fait des Recherches particulières qui ne peuvent que lui faire honneur.

M. DAVID.

La Réputation de cet Artiste a toujours été si brillante, que l'on ne peut entreprendre son éloge. Je dirai seulement mon avis sur son Ouvrage, qui est de la plus grande beauté. Il nous représente le serment des Horace.

Je dirai donc que ce Tableau est d'une exécution sublime, d'un dessin superbe, savant, & d'un beau

---

(*) M. Debucourt a peint un trait qui représente la bienfaisance du Roi.

M. Boisot le Buste du Roi.

ſtyle par endroits. Le premier des Horace eſt d'une ſévérité & fermeté étonnantes : le perſonnage y eſt bien. Ses autres fières ne ſont pas auſſi heureux. Cette uniformité affectée dans leur poſe, n'eſt pas agréable & tient au bas-relief, ce qui eſt un défaut en Peinture. Je crois que ſi ces guerriers étoient plus variés, qu'ils produiraient un meilleur effet, & n'ôteroient pas la ſimplicité noble, dont M. David affecte de faire abus dans tous ſes Ouvrages... En vérité, je ne m'y reconnois plus ! On appelle folie ce qui eſt génie & a du mouvement... Et on appelle génie ce qui eſt froid & roide. C'eſt une dépravation dans le goût que je ne conçois point, car je n'ai pas reconnu Horace le père, qui eſt bien deſſiné à la vérité; mais il manque de nobleſſe, & a l'air d'un pauvre. Les épées de ſes fils ſont trop uniformes, & d'un mauvais choix... Ce Guerrier eût dû enflammer l'Auteur, & ne lui point faire oublier le fameux... qu'il mourut... (*) ; ce qui auroit dû le pénétrer & lui échauffer l'imagination.

Jules Romain, que cet Artiſte conſulte ſouvent, eſt plus varié & plus riche dans ſes ajuſtemens, ce qui rend ſes compoſitions nobles & belles. Les femmes de ce Tableau ſont roides. L'on apperçoit qu'elles ſont drapées avec des linges mouillés,

(*) Tiré d'Horace, Tragédie de Corneille, acte 3e, ſcène 6e.

posées sur des manequins de terre, elles manquent de graces, de souplesse, & l'on appelle cela le bon style!... Pour moi je ne suis pas de cet avis.... L'architecture est belle, mais trop claire, ce qui ôte tout l'effet qu'elle pourrait faire si elle étoit sacrifiée... Il est jugé un peu sévèrement; ce n'est qu'après mon admiration que je me suis permis de faire ces détails & toutes ces observations.

J'ai remarqué une chose qui m'a paru si hors de sens, que je ne puis m'empêcher de le rapporter. Ce sont les élèves de ce maître qui forment un parti, & embrassent tout le Salon, cherchant l'un & l'autre, en s'escrimant, & criant aux oreilles du Public: c'est sublime!... C'est un rocher auprès duquel les autres Ouvrages se brisent. J'ai même entendu dire à un d'eux que Raphaël & Rubens, qui sont les pères de la Peinture, n'avaient jamais fait un Ouvrage aussi parfait. Je sui fâché de voir des jeunes gens qui se destinent à un si bel Art, aussi peu connoisseurs & aussi dépravés de sens commun. Les autres disent que c'est d'une meilleure couleur & mieux ajusté que le Poussin. Enfin, c'est une rage, & ce Tableau méritant est prôné avec excès par des ignards entêtés qui font le plus grand tort à ce fameux Artiste. Le fait est que les bons Ouvrages n'ont pas besoin de prôneurs; que nous admirons en Peinture Michel-Ange, Raphaël, Carache, Dominiquin, le Titien & Rubens: en Poésies, Corneille,

Racine, Molière & autres, ſans que l'on nous diſe: les Œuvres de ces Grands Génies ſont ſuperbes. Vous êtes un ſot ſi vous ne les adorez ! Ils parlent d'eux-mêmes, & voilà les vrais mérites.

Il ſemble que ces mêmes élèves voudraient, par leurs bavardages abſurdes, ternir la réputation des Vernet, Vien, Doyen, Vincent & Renaud ! Non... Leurs efforts ſont inutiles. Ces Artiſtes ont tous prouvé & prouvent encore des talens ſi ſupérieurs, que l'on ne peut enlever auſſi promptement ce que trente & quarante années de travaux ont formé. C'eſt pourquoi ils devraient ſe tenir tranquilles, & ne plus ſe battre les flancs pour nous démontrer ce que nous voyons auſſi bien qu'eux. La vérité, que je crois avoir ſuivie de point en point, pourra fort bien leur déplaire ; mais n'importe. J'ai de quoi parer à tout ce qu'ils feroient dans le cas de m'oppoſer... Maintenant paſſons à ſon Béliſaire... Page 14.

M. CALET.

Il nous repréſente Achille qui traîne le corps d'Hector autour des murailles de Troyes.

La compoſition de ce Tableau eſt grandement conçue & belle, le corps d'Hector bien deſſiné & bien peint. Je trouve cependant que les deux bras ne ſont pas aſſez variés, & s'enfilent trop également. Ses jambes ne ſont pas auſſi heureuſes de deſſin que les bras & le torſe. L'Achille eſt fièrement conçu : il eſt un peu meſquin & maîgre d'ajuſtemens. Le jaune règne trop dans cette figure : ſi cet Artiſte lui eût mis une cuiraſſe d'acier, elle eût varié & aurait produit un effet moins monotone & plus piquant. Je crois que ces ſoldats qui ont l'air effrayé ne ſont pas à la ſcène. S'ils ſont du camp d'Achille, ils doivent paroître ſatisfaits. Si au contraire ils ſont de celui d'Hector, je les crois hors de place. Généralement ce Tableau eſt âcre, dur & ſans harmonie ; l'exécution en eſt belle & ferme. Quant à la compoſition, j'ai déjà dit que je la trouvois bien ; mais je crois en avoir vu la marche par un de mes confrères, nommé Amilton. Souvent l'on ſe rencontre, & les idées ſe reſſemblent ſans le vouloir. M. Calet eſt infiniment ſupérieur & plus heureux dans les ſujets de goût & de grâces, tels que ceux qu'il a peint à Bagatelle, qui ſont délicieux, d'un goût exquis, & qui feront toujours honneur à ce gracieux Artiſte.

M. ROLAND, *Sculpteur.*

Cette figure nous repréſente le Grand Condé, dans le moment que ce fameux Général jette ſon bâton dans les retranchemens ennemis.

Il me ſemble que l'action eſt manquée & dénuée de chaleur. Je trouve qu'il eſt poſé trop méthodiquement; je ne reconnois pas du tout le mouvement que ce Prince a dû faire. Cependant cette figure eſt bien enſemble, correcte & bien exécutée, mais ſans goût. La téte manque de nobleſſe & grimace ; l'expreſſion n'eſt pas aſſez noble. Néanmoins ſi l'Auteur veut faire atention à ces fautes, le marbre fera le plus grand plaiſir & lui fera beaucoup d'honneur.

FIN.

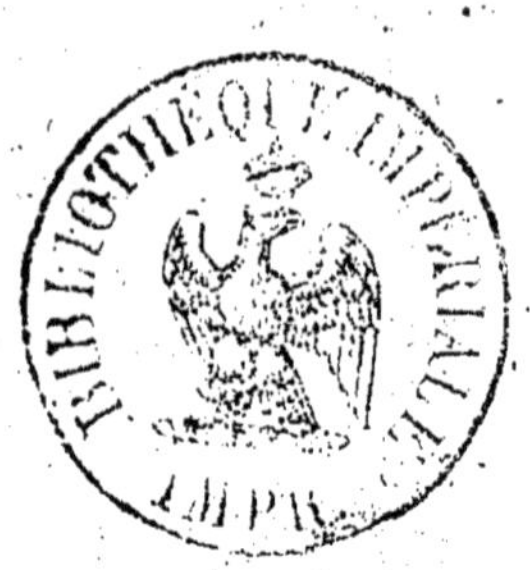

www.ingramcontent.com/pod-product-compliance
Ingram Content Group UK Ltd.
Pitfield, Milton Keynes, MK11 3LW, UK
UKHW022152170726
13837UKWH00004B/1941

9 782329 172910